Pfeiffer

Confronto della velocità di ᵕ   ᵕcatori di calcio U15

Patrick Pfeiffer
Luiz Arthur Cabral
Dietmar Klaus Pfeiffer

Confronto della velocità di sprint tra i giocatori di calcio U15

Uno studio che confronta la velocità in base alle diverse posizioni tattiche nel calcio

ScienciaScripts

Cover image: www.ingimage.com

This book is a translation from the original published under ISBN 978-620-2-19351-1.

Publisher:
Sciencia Scripts
is a trademark of
Dodo Books Indian Ocean Ltd. and OmniScriptum S.R.L publishing group

120 High Road, East Finchley, London, N2 9ED, United Kingdom
Str. Armeneasca 28/1, office 1, Chisinau MD-2012, Republic of Moldova, Europe

ISBN: 978-620-7-28296-8

SOMMARIO

DEDICA

Dedico questo lavoro innanzitutto a Dio, perché senza di lui nulla di ciò che ho fatto fino ad oggi sarebbe possibile, perché lui mi guida e mi ha sempre protetto. La dedico anche a mio padre Klaus Pfeiffer e a mia madre Creuza Maria, che mi hanno sempre guidato e sostenuto nel miglior modo possibile, affinché potessi arrivare qui e andare avanti.

RICONOSCIMENTO

Vorrei ringraziare i miei amici Eduardo Domingos, Elton de Lima, Danilo Jonas e Felipe Pessoa, che mi hanno sempre sostenuto e aiutato in ogni modo lungo il percorso.

Vorrei anche ringraziare gli insegnanti che mi hanno guidato e aiutato a portare a termine questo progetto.

Infine, vorrei ringraziare le mie zie che, anche a distanza, mi hanno sempre aiutato e sostenuto nella realizzazione di questo sogno.

SOMMARIO

STUDIO COMPARATIVO DELLA VELOCITÀ TRA I GIOCATORI DI CALCIO DELLO ZICO 10 UNIPÊ IN BASE ALLA LORO POSIZIONE IN CAMPO

Autore: Patrick Alan de Souza Pfeiffer

Coautore: Prof Dr Luiz Arthur Cavalcanti Cabral

La velocità nel calcio è una caratteristica fisica fondamentale per qualsiasi giocatore. Lo scopo di questo studio è stato quello di confrontare i *punteggi di* velocità tra i giocatori di calcio della Scuola Zico 10 UNIPÊ in diverse posizioni del campo. Lo studio è stato di tipo descrittivo e comparativo e il campione era composto da 20 giocatori di 14 e 15 anni, scelti a *caso*. I giocatori sono stati suddivisi in 5 gruppi in base alle rispettive posizioni in campo: centrali, terzini, centrocampisti e attaccanti. I giocatori selezionati sono stati sottoposti a un test di velocità di 50 metri, in cui dovevano correre una corsa orizzontale alla massima velocità. Sono state inoltre misurate la massa corporea e l'altezza dei partecipanti. I principali risultati ottenuti hanno mostrato un grande equilibrio tra la velocità dei 5 gruppi di giocatori, con una differenza di velocità tra il gruppo più veloce e quello più lento di 0,48s. Non è stata riscontrata alcuna differenza di prestazioni tra le diverse posizioni, e anche la massa corporea e l'altezza hanno avuto una piccola influenza sulla velocità dei giocatori analizzati. Con i risultati analizzati, si può dedurre che le prestazioni dei tiri ad alta velocità nel calcio variano poco tra le diverse posizioni e non sembrano essere influenzate dai valori di massa corporea e altezza negli atleti di età compresa tra 14 e 15 anni.

Parole chiave: Velocità, Calcio, Peso corporeo, Altezza, Posizionamento, Tattica, Agilità, Adolescenti, Futsal, Sprint

1 INTRODUZIONE

1.1 PRESENTAZIONE DEL TEMA

Il calcio è uno sport estremamente complesso per quanto riguarda le azioni fisiologiche durante una partita, poiché è uno sport che, essendo molto vario in termini di richiesta fisica, richiede diverse fonti di energia da parte dell'atleta (SANTOS; SOARES, 2001). Essendo uno sport ad alto rigore fisico, l'allenamento dovrebbe porre maggiore enfasi sulle capacità fisiche del giocatore, rendendole non solo un elemento da migliorare, ma qualcosa di fondamentale per un atleta e, di conseguenza, per la sua squadra. In questo modo, migliorando questo condizionamento, si possono migliorare e perfezionare elementi fondamentali come l'abilità dell'atleta (WEINECK, 2000).

Tra le abilità fisiche che sono così importanti per un calciatore, ce ne sono tre che possono essere evidenziate, come la velocità, l'agilità e la potenza. Un atleta che possiede queste tre caratteristiche fisiche in modo evoluto può avere un grande successo durante una partita, perché la velocità potrebbe rendere un giocatore più veloce di un altro, l'agilità gli permetterebbe di uscire da eventuali collisioni con gli avversari e la potenza lo aiuterebbe nelle situazioni più diverse durante la partita (REBELO; OLIVEIRA, 2006). Essendo uno sport così completo e complesso, l'allenamento del calcio deve combinare sia gli aspetti anaerobici sia quelli aerobici dei giocatori, poiché questi due elementi saranno utilizzati durante tutta la partita. Pertanto, caratteristiche come la forza e la velocità devono essere costantemente allenate e migliorate (SANTOS; SOARES, 2001). Si può quindi affermare che l'allenamento di un calciatore deve essere il più completo possibile, includendo aspetti fisici, tattici, tecnici e psicologici, in modo che i giocatori siano preparati per un'intera partita (GONZALEZ; SIERRA, 2010).

Pertanto, questo articolo presenta uno studio di una delle principali caratteristiche fisiche che il calcio richiede ai suoi giocatori, ovvero la velocità, oltre a mostrare le variazioni inerenti a questa qualità fisica e come si applica a questo sport. Si può anche dire che si tratta di uno studio comparativo del rapporto tra la velocità e i diversi gruppi posizionali dei giocatori di una squadra di calcio.

1.2 PROBLEMA DI RICERCA

Quali sono le variazioni di velocità dei giocatori di calcio U15 della scuola Zico 10 UNIPÊ in diverse posizioni del campo?

1.3 CONTESTO

Gli studi sulla capacità di velocità dei giocatori si concentrano solitamente sui giocatori più anziani. Pertanto, le conoscenze disponibili sui fattori che influenzano la velocità di questo segmento sono ancora poche. D'altra parte, c'è indubbiamente un interesse da parte degli allenatori ad ampliare le proprie conoscenze sulle capacità di questi giovani giocatori.

Sulla base di queste informazioni, è possibile individuare le esigenze specifiche di questo segmento per sviluppare e migliorare la metodologia di allenamento della velocità per i giocatori delle squadre di calcio.

1.4 OBIETTIVI

1.4.1 Obiettivo generale

L'obiettivo generale di questo studio è stato quello di analizzare la capacità di velocità orizzontale dei giocatori della categoria under 15 della scuola Zico10 UNIPÊ in base alla loro posizione in campo.

1.4.2 Obiettivi specifici

• Descrivere le differenze nella capacità di velocità orizzontale dei giocatori a seconda delle rispettive posizioni in campo.

• Determinare le correlazioni tra velocità, peso e altezza dei giocatori.

• Analizzare gli effetti di posizione, peso e altezza sulla capacità di velocità dei giocatori.

• Calcolare le medie dei diversi gruppi aggiustate per il peso e l'altezza.

1.5 IPOTESI

Questo studio si propone di verificare le seguenti ipotesi:

- H1 : Esistono differenze significative tra i giocatori nelle diverse posizioni.

- H2: I giocatori d'attacco sono i più veloci.

- H3: Fattori come il peso e l'altezza hanno solo un piccolo effetto sulla capacità di velocità.

2 REVISIONE DELLA LETTERATURA

2.1 CALCIO: CARATTERISTICHE GENERALI DELLO SPORT

Il calcio è uno sport che viene praticato in tutto il mondo e tra le sue caratteristiche salienti ci sono qualità fisiche e tecniche come abilità, forza, potenza e velocità. In Brasile questo sport è arrivato a metà del XIX secolo, portato dall'Inghilterra da Charles Miller, che nel 1894 portò con sé i primi palloni e le prime divise (WITTER, 2003). Essendo uno sport così popolare e ricercato a livello nazionale, il calcio viene scelto come sport da molti bambini. Questa scelta è dovuta alle varie ragioni che offre, come il semplice fatto di praticare uno sport, il piacere o la gioia che porta e forse lo *status* sociale (PAIM, 2001). Per quanto riguarda la questione dello *"status"*, il calcio ha un carattere molto forte nella vita dei giovani. La magia e l'incanto che porta con sé, insieme all'intera gamma di sogni che offre, fa sì che i giovani principianti sognino sogni molto alti che a volte li allontanano dalla società reale (PIMENTA, 2008).

Questa ascesa sociale, insieme ai media, al loro miglioramento economico e a tutto il *fascino* che il calcio offre, riempie i principianti di un alto livello di visione che li rende molto persistenti per questo sogno, che però non sempre viene realizzato (PIMENTA, 2008). In termini di caratteristiche di "gioco", il calcio ne ha diverse, come quelle fisiche e tecniche. Tuttavia, un aspetto di fondamentale importanza per lo sviluppo del gioco e che non è legato ai fattori fisici dello sport è il profilo tattico, che ha il compito di distribuire i giocatori in campo in base ai rispettivi standard tecnici. Se compresi dai giocatori, i fondamentali tattici possono far sì che la squadra migliori notevolmente i propri principi tecnico-tattici all'interno del gioco (COSTA *et al.*, 2009).

Un fattore molto forte e importante che non è legato alle qualità fisiche e tecniche, ma che è altrettanto importante, è il carattere psicologico e mentale di ogni atleta. I giocatori che possiedono attributi psicologici come la fiducia in se stessi, la motivazione, il pensiero positivo e l'atteggiamento competitivo tendono a essere atleti con livelli agonistici più elevati (MAHL; RAPOSO, 2007). Un'altra caratteristica interessante di questo fattore mentale è che, come per i fattori fisici e tecnici, diversi gruppi di giocatori hanno diversi livelli di motivazione. I giocatori che compongono il centrocampo hanno livelli psicologici e mentali più elevati in termini di motivazione, mentre i giocatori che fanno parte del gruppo difensivo sono più motivati in termini di pensiero positivo (MAHL; RAPOSO, 2007). Da ciò si evince e si analizza che il calcio è uno sport completo e che è certamente una passione nazionale che attira molto il fascino dei suoi tifosi e dei suoi praticanti, motivo per cui, oltre a essere uno sport, rappresenta anche un importante investimento finanziario (REILLY, 2000). Pertanto, la ricerca di miglioramenti scientifici e la valorizzazione di nuove risorse in vista di risultati migliori è in aumento e rappresenta oggi una caratteristica molto forte di questo sport (CUNHA; BINOTTO; BARROS, 2001).

2.2 ABILITÀ FISICHE APPLICATE AL CALCIO

Il calcio è uno sport di squadra con varie divisioni posizionali all'interno della squadra e, di conseguenza, i giocatori che occupano posizioni diverse sul campo hanno qualità e capacità fisiche diverse in termini di forma fisica aerobica, che è molto richiesta in questo sport (BALIKIAN *et al,* 2002). È noto che gli atleti di questo sport utilizzano molto l'esercizio aerobico durante una partita, ma anche l'esercizio anaerobico, come i salti, i balzi e i rapidi cambi di direzione, sono molto utilizzati nelle partite di calcio e, per questo motivo, anche l'allenamento per questo sport dovrebbe essere molto orientato verso questo segmento dell'allenamento (ASANO; BARTOLOMEU NETO; OLIVEIRA JÙNIOR, 2009).

Per svolgere con successo funzioni come il salto, lo *sprint* e il cambio di direzione rapido, è necessaria la potenza muscolare. Poiché l'andamento di una partita è molto imprevedibile, un attaccante, ad esempio, può *sprintare* più volte durante i 90 minuti di gioco e, in questo modo, l'esplosione muscolare sarà una delle capacità fisiche determinanti in una partita e nella carriera di un atleta (PUPO et al., 2010). Tutti sanno che per avere successo in questo sport, l'abilità e la tecnica sono di fondamentale importanza per differenziare un giocatore, ma al giorno d'oggi queste caratteristiche sono state talvolta prese in considerazione più della tecnica. Ciò è dovuto al fatto che, in diversi momenti, le caratteristiche fisiche dei giocatori sono state più importanti di quelle tecniche nel determinare le loro prestazioni in una partita. Quando mancano giocatori con un grande potenziale tecnico, la forza e l'abilità fisica vengono prese maggiormente in considerazione (FELTRIN; MACHADO, 2009).

Con tutte queste caratteristiche fisiche coinvolte nel calcio, possiamo capire quanto sia importante l'allenamento calcistico dalla fase pre-campionato fino al periodo delle gare, in modo da avere un'idea del piano migliore per i giocatori (TEIXERA *et al.*, 1999).

2.3 VELOCITÀ: DEFINIZIONE, CLASSIFICAZIONE E APPLICAZIONE NEL CALCIO

2.3.1 La velocità nel calcio

Il calcio è uno sport estremamente complesso, che richiede un insieme di abilità fisiche e tecniche per avere successo, oltre a essere legato a una serie di azioni che si svolgono contemporaneamente durante una partita, come saltare, calciare e correre (HELGERUD *et al.*, 2001). Quando si parla di caratteristiche fisiche, non si può trascurare la velocità, che è fondamentale per questo sport. Nel calcio, questa viene applicata in modo diverso dai giocatori in allenamento e in gara. Alcuni studi hanno dimostrato che il confronto tra la velocità applicata in allenamento e quella applicata in gara è diverso. In allenamento, è evidente che i giocatori tendono ad avere una maggiore velocità nella seconda metà della sessione, quando si svolgono le sessioni di allenamento specifiche sul campo e le simulazioni di partita. Per quanto riguarda la velocità applicata in gara, la differenza tra il primo tempo della partita e il secondo tempo è legata al posizionamento in campo. Si può notare che i giocatori in difesa e a centrocampo hanno un aumento della velocità dal primo al secondo tempo della partita, mentre i giocatori in attacco hanno un leggero calo rispetto a queste fasi (CAIXINHA; SAMPAIO; MIL-HOMENS, 2004).

Quando si parla di velocità applicata al calcio, un elemento che non può essere trascurato, perché direttamente collegato alla velocità, è la forza muscolare degli arti inferiori. Poiché la velocità dei giocatori può essere diversa in relazione alle rispettive posizioni in campo, anche la forza muscolare non è da meno. Gli studi dimostrano che i difensori centrali, i terzini, i centrocampisti e gli attaccanti hanno una forza muscolare diversa, che va dalla forza muscolare totale alla potenza massima (GOULART; DIAS; ALTIMARI, 2007). Oltre alla forza, diversi fattori sono legati alla velocità di un giocatore, ma è noto che la forza è estremamente importante. Per questo motivo, sempre più sessioni di allenamento della forza sono collegate e utilizzate per aumentare la velocità dei giocatori di calcio (MOREIRA; BAGANHA, 2007).

2.3.2 Velocità di reazione e di percezione

La velocità di reazione è uno dei vari tipi e classificazioni che si possono trovare nel calcio e in molti altri luoghi quando si parla di questa qualità fisica (VASCONCELOS-RAPOSO, 2005). Si tratta di una qualità richiesta durante tutto il gioco e fondamentale per questo sport, che si può dire non sia legata all'allenamento fisico, ma piuttosto al sistema nervoso centrale del corpo umano, poiché richiede un alto livello di ragionamento per essere realizzata (GOMES; SOUZA 2008). Tra i tipi di velocità di reazione che esistono in questo sport, possiamo dire che troviamo la velocità di reazione semplice, più legata a un singolo stimolo che è già previsto, quindi è qualcosa che viene allenato prima della velocità di reazione complessa, che è quella che è già più coinvolta nel calcio, perché si verifica in una situazione molto comune durante una partita, ovvero quando ci sono diversi stimoli e situazioni che si verificano durante una partita o una sessione di allenamento e l'atleta deve scegliere l'azione e l'atteggiamento migliore da adottare in quel preciso momento nel minor tempo possibile (ARRUDA; BOLANÔS, 2010.). Gli allenamenti che riguardano la velocità di reazione possono essere suddivisi in queste categorie. L'allenamento semplice mira a migliorare in modo significativo i risultati di reazione e la sua metodologia si concentra sul lavoro di ripetizione e sulla risposta a segnali che appaiono all'improvviso. Un fattore che ha un'influenza importante su questo tipo di allenamento è la concentrazione e l'attenzione, in quanto avrà un impatto decisivo sulla capacità dell'atleta di rispondere al segnale di comando (GOMES; SOUZA, 2008).

La velocità di reazione complessa richiede ai giocatori di prendere decisioni rapide in situazioni che coinvolgono elementi come la percezione e l'anticipazione durante una partita (ARRUDA; BOLANÔS, 2010). Poiché durante una partita si verificano continuamente situazioni inaspettate che richiedono ai giocatori di reagire il più rapidamente possibile, la loro abilità è molto richiesta e deve essere ben allenata per migliorarla e perfezionarla. È attraverso l'allenamento che il giocatore si adatta a reagire all'oggetto principale che compone una partita, ovvero il pallone. Fattori come l'aumento della velocità della palla in gioco, i cambi di direzione improvvisi, la ricezione della palla in modi diversi e la reazione per ricevere la palla in spazi ridotti sono situazioni di gioco reali che vengono allenate per migliorare la velocità di reazione del giocatore (GOMEZ; SOUZA, 2008). Secondo Bescov e Morozov *apud* Gomez e Souza (2008), il successo di un giocatore nell'intercettare e

11

deviare la palla dipende dalla sua capacità di seguire il percorso della palla. Più a lungo il giocatore è in grado di seguire questo percorso, più efficiente sarà in queste azioni. È quindi corretto affermare che non solo la velocità di reazione deve essere rapida e corretta, ma deve anche essere combinata con il processo decisionale, perché il successo di una mossa dipenderà dalla reazione a ciò che sta accadendo in una determinata mossa e dalla decisione sulla migliore scelta di opzione per quella mossa che dovrà essere presa in quel momento (GOMEZ; SOUZA, 2008).

La velocità di percezione è una velocità che riveste grande importanza anche nel calcio, perché è attraverso di essa che l'atleta può percepire qualcosa che sta per accadere in partita e di conseguenza prendere la decisione migliore (GOMEZ; SOUZA, 2008). Secondo Poulton *apud* Gomez e Souza (2008), la percezione (anticipazione) può essere definita in tre tipi distinti: affettiva, che è una risposta motoria che indica il tempo impiegato per compiere un gesto tecnico; ricettiva, che è un tipo di percezione (ricezione) necessaria per compiere un certo movimento prima di farne un altro; e infine percettiva, che è un tipo non presente, perché l'esecutore dovrà avere una percezione futura di ciò che accadrà.

2.3.3 Velocità di corsa e camminata

Durante una partita di calcio, che dura in media 90 minuti con un intervallo, un atleta utilizza costantemente la sua velocità e lo stacco. Per farlo, ha bisogno di velocità di resistenza, ovvero della capacità del giocatore di superare la fatica durante la partita utilizzando la sua capacità submassimale o massimale (VASCONCELOS-RAPOSO, 2005). La velocità di movimento ciclico è un insieme complesso di azioni che durante una partita diventano gesti motori. Questi gesti possono essere composti da elementi come l'accelerazione, la velocità massima e il ritmo del movimento (ARRUDA; BOLANÔS, 2010). Secondo Bosco (1996), la velocità di accelerazione in questo contesto è di enorme importanza per un calciatore, poiché è la capacità che il giocatore deve avere per mantenere la sua capacità di muoversi in uno spazio alla stessa velocità e nel minor tempo possibile.

Un altro tipo di velocità che è una componente estremamente importante di questa tecnica di movimento e di corsa, ma che non viene utilizzata durante i 90 minuti per motivi di resistenza, è la velocità massima del giocatore, che è la combinazione di velocità e forza che il giocatore sarà in grado di raggiungere in un determinato spazio, al fine di muoversi il più rapidamente possibile (VASCONCELOS-RAPOSO, 2005). Un'altra velocità che compone questa gamma di spostamenti ciclici è quella decrescente, che si verifica nei momenti finali della velocità di accelerazione. È il momento in cui l'atleta non riesce più a mantenere la stessa velocità e lo stesso ritmo di accelerazione e comincia naturalmente a decelerare durante la corsa.

È noto che la corsa ad alta velocità (massima) è della massima importanza per un atleta, ma essendo uno sport di lunga durata, non è possibile per l'atleta correre per tutta la durata della partita al massimo livello di accelerazione e velocità semplice. È inoltre noto che durante una partita il giocatore esegue vari tipi di movimento, tra cui movimenti ad alta intensità e di breve durata in vari momenti della partita, senza poter recuperare completamente, e soprattutto movimenti che durano più a lungo ma sono meno intensi (GOMEZ; SOUZA, 2008).

2.3.4 Velocità e abilità tecnica

Oltre alla velocità, un insieme di abilità tecniche è di vitale importanza per un calciatore. Fondamentali che sono indipendenti dal posizionamento dei giocatori di linea e che devono essere padroneggiati almeno in modo elementare per poter sviluppare una partita. Questi elementi sono il passaggio, il controllo, il dribbling, il tiro, il tackle e così via. Sono queste serie di fondamentali, insieme alla velocità e ad altri fattori fisici, a costituire un atleta di calcio (SCAGLIA, 1996). Si tratta di un insieme di elementi che i giocatori devono eseguire individualmente, cioè quando eseguono un fondamentale come questo non hanno l'aiuto di un compagno di squadra (ARRUDA; BOLANÔS, 2010).

Una delle abilità tecniche più difficili e belle del calcio, che molti ammirano come l'essenza e la rappresentazione di questo sport, e che è proprio ciò che differenzia un giocatore ordinario da un altro, è il fondamento tecnico del dribbling (PRATES, 2005). Il dribbling è un'abilità tecnica che può essere utilizzata da un calciatore quando è in possesso del pallone e si trova in una situazione in cui non ha altra scelta che passarlo a un compagno o tirare in porta. Tuttavia, non è facile da eseguire, perché quando si tenta di farlo, il giocatore che esegue l'azione dovrà essere in grado di superare l'avversario con il controllo della palla, mentre il giocatore in marcatura (avversario) avrà semplicemente il compito di marcare il giocatore attaccante in uno spazio del campo (LA84, 2008). Secondo Arruda e Bolanos (2012), il dribbling può essere definito semplice e complesso. Il dribbling semplice si verifica quando il giocatore supera l'avversario con un solo tocco su entrambi i lati, *mentre il dribbling* complesso si verifica quando il giocatore supera l'avversario con una serie di tocchi o supera l'avversario con un movimento più difficile, chiamato finta.

Un altro fondamentale di grande importanza è il tiro, perché è con questo che si raggiunge la maggior parte dell'obiettivo principale del calcio, ovvero il gol. In alcune partite di calcio, la possibilità di segnare è rara, quindi il giocatore deve avere un buon tiro per non sprecare queste poche opportunità nel corso della partita. Per avere un buon tiro, il giocatore deve avere una buona tecnica, precisione e concentrazione quando lo esegue (LA84, 2008). Non sempre il tiro viene eseguito correttamente, perché la palla può essere alterata da un corpo in gioco o semplicemente calciata fuori. Il giocatore che lo prende deve avere una visione periferica e la capacità di decidere cosa fare quando lo prende. Questi calci possono essere eseguiti da distanze lunghe o corte, possono essere eseguiti con diverse parti del piede come la punta o l'interno, hanno altezze diverse come alta e bassa, e possono essere indirizzati dritti o anche con effetti curvi, che causano maggiori difficoltà ai portieri. La complessità dei calci al pallone è quindi notevole (ARRUDA; BOLANÔS, 2012).

Gli elementi fisici, come la velocità e la resistenza, sono di vitale importanza per il giocatore, perché senza di essi non sarebbe in grado di sostenere una partita. Tuttavia, gli elementi tecnici, come il dribbling e il tiro, sono della massima importanza, perché sono questi gli elementi che faranno segnare i giocatori (LA84, 2008).

2.4 POTENZA ANAEROBICA DEI GIOCATORI DI CALCIO

Il calcio è uno sport in cui ci sono momenti di esercizio aerobico e anaerobico. L'atleta può avere momenti in cui deve eseguire brevi *sprint* ad alta intensità, oppure momenti in cui trotta e talvolta cammina sul campo (DENADAI *et al.*, 2009).

Il profilo anaerobico dei calciatori è un aspetto che richiede molti studi per essere compreso correttamente. Proprio come la velocità, la tecnica e altri elementi, il profilo anaerobico dei calciatori varia a seconda del ruolo e della posizione in campo. Un esempio è che i livelli di VO2 max dei giocatori offensivi sono più bassi rispetto a quelli dei difensori (SANTOS, 1999). Secondo Weineck *apud* Santos (1999, p.10) la velocità è richiesta in vari modi, sia in termini di reazione che di cambi di direzione, e i movimenti veloci richiedono che il giocatore abbia una buona capacità anaerobica, sia latica che alattica. Ciò è dovuto al fatto che un giocatore può correre a una velocità media.

10 km durante una partita e la loro fonte di energia può variare dall'ATP-CP durante brevi corse ad alta intensità a fonti di energia aerobica in altre circostanze della partita (DENADAI *et al.*, 2009).

Secondo Williams (1996), gli atleti che praticano sport di lunga durata tendono ad avere un alto livello di capacità aerobica e un'alta soglia anaerobica, sviluppando così il sistema cardiorespiratorio. Poiché si tratta di uno sport così complesso quando si tratta di sapere quali fonti di energia vengono utilizzate in partita da ogni giocatore, perché ci sono così tante situazioni diverse durante una partita, l'ideale sarebbe effettuare uno studio sull'aspetto fisiologico in base ai diversi gruppi di posizionamento che esistono nella squadra, in modo da poter fare un allenamento più specifico per migliorare ogni area in termini di fisiologia e fonti di energia (BALIKIAN *et al.*, 2002).

2.5 METODI DI ALLENAMENTO NEL CALCIO

L'allenamento è essenziale per il successo di un giocatore e quindi di una squadra di calcio. Una sessione di allenamento completa deve includere tutti gli elementi richiesti in una partita: elementi tattici come il posizionamento, elementi tecnici come il passaggio e il tiro, ed elementi fisici come la forza e la velocità. Per questo motivo, una sessione di allenamento calcistico dovrebbe prevedere diversi metodi, in modo che i giocatori possano assimilare e assorbire tutto nel modo migliore (LA84, 2008). Come per molti altri sport, l'allenamento del calcio deve essere adeguatamente periodizzato e, a tal fine, è necessario effettuare una pianificazione a breve, medio e lungo termine, in modo da ottenere i risultati desiderati nei tempi previsti (MIRELLA, 2001).

Uno dei requisiti principali del calcio è la capacità fisica. Di conseguenza, esistono diverse metodologie di allenamento della capacità fisica (resistenza, forza, velocità, ecc.). La resistenza è di fondamentale importanza durante una partita e può essere aerobica, cioè la capacità dell'atleta di sopportare carichi di lunga durata, o anaerobica, cioè la capacità di eseguire azioni ad alta intensità come esplosioni e salti. Esistono quattro metodi per allenare la resistenza, classificati come metodo continuo, a intervalli, a ripetizioni e di gioco (WEINECK, 2000). Nel calcio esistono tre tipi principali di forza e le loro suddivisioni: la forza veloce, la forza massima e la forza di resistenza (GROSSER; EHLENZER, 1984, LUTHMANN; ANTRETTER, 1987 *apud* WEINECK, 2000). Le sue suddivisioni sono: resistenza alla forza massimale, resistenza alla forza rapida, forza esplosiva e forza iniziale. Quando si parla di metodi di allenamento della forza, non è così semplice individuare il metodo iniziale da utilizzare, poiché è necessario conoscere gli obiettivi e le condizioni di allenamento per applicare la metodologia necessaria (WEINECK, 2000).

Affinché gli allenamenti vengano svolti bene sia dagli allenatori che dai giocatori, è necessario disporre di una buona infrastruttura. Questa consiste in palloni, coni, una struttura fisica e tutto il materiale necessario per allenarsi. In questo modo è possibile ottenere tutti i requisiti che il calcio richiede, come l'abilità fisica, tecnica e tattica. Infine, è possibile affermare che un calciatore deve avere tutti gli elementi come la capacità mentale preparata alle diverse situazioni, la comprensione tattica del gioco, la tecnica raffinata e una buona capacità fisica (BANGSBO, 1997).

3 PROCEDURE METODOLOGICHE

3.1 DISEGNO DELLO STUDIO

Si tratta di uno studio comparativo descrittivo (THOMAS & NELSON, 1996) con un approccio quantitativo. Il suo scopo è quello di confrontare gruppi diversi rispetto a una certa caratteristica (variabile) per verificarne i possibili effetti. In questo caso, si tratta di un confronto della velocità tra i giocatori di calcio in base alla loro posizione, per vedere se ci sono differenze significative tra i settori.

3.2 UNIVERSO E CAMPIONE

L'universo della ricerca è costituito dagli studenti regolari della Scuola Zico 10 Unipê, che al momento della ricerca comprendeva 150 soggetti, 25 dei quali appartenenti alla categoria under 15. Il campione è stato scelto in modo tale da selezionare casualmente 4 studenti per ciascuna delle cinque posizioni definite, per un totale di 20 soggetti. Il campione casuale semplice è caratterizzato dal fatto che ogni elemento ha la stessa probabilità di essere selezionato. Tecnicamente, la selezione è stata effettuata secondo il modello dell'urna, in modo tale che ai giocatori di ogni gruppo è stato assegnato un numero e poi sono stati estratti 4 numeri da un aiutante.

3.3 CRITERI DI INCLUSIONE

Partecipare regolarmente da almeno 3 mesi agli allenamenti della Scuola Zico 10 Unipê e rientrare nella categoria U15 (14 e 15 anni).

3.4 CRITERI DI ESCLUSIONE

Atleti con meno di 3 mesi di partecipazione regolare alla Scuola Zico 10 Unipê e/o con età superiore o inferiore a quella definita.

3.5 VARIABILI DELLO STUDIO E STRUMENTI DI RACCOLTA DEI DATI

In base al modello sopra descritto, sono stati raccolti dati per le seguenti variabili:

> Posizionamento in campo (variabile nominale con le cinque categorie: centrali, terzini, centrocampisti e attaccanti);

> Velocità (variabile quantitativa);

> Variabili di controllo: peso e altezza (variabili quantitative).

I dati sono stati raccolti sul campo da calcio del Centro Universitario Joao Pessoa - Unipê, dove i volontari hanno eseguito test di velocità sotto la guida del ricercatore. Come strumenti per la ricerca sono stati utilizzati cronometri (per segnare il tempo), coni di medie dimensioni (per segnare le distanze di partenza e arrivo), uno stadiometro (per misurare l'altezza) e una bilancia digitale (per misurare il peso).

3.6 PRoCEDENTI DELLo STUDIO E PRoTToLO

I partecipanti allo studio sono stati prima sottoposti a una valutazione antropometrica, in cui sono stati misurati peso e altezza. Poi, per misurare la velocità, è stato applicato il protocollo di 50 metri proposto da Matsudo (1987), che è un test anaerobico alattacido. La standardizzazione del test è descritta da Matsudo (1987). Si tratta di un test massimale, cioè deve essere eseguito alla massima velocità e superare il traguardo sempre alla massima velocità dalla posizione di partenza con le gambe divaricate anteroposteriormente e il piede anteriore il più vicino possibile alla linea. La prova si è svolta in modo tale che due coni di medie dimensioni sono stati posizionati alla distanza proposta nel protocollo e gli allievi si sono preparati al comando dell'istruttore, assumendo la posizione di uscita. Al comando della parola "Jà", i partecipanti sono partiti alla massima velocità dall'uscita verso l'arrivo.

Il processo di raccolta dei dati si è svolto senza problemi o disturbi e con una forte motivazione da parte di tutti i partecipanti. Possiamo quindi ritenere che i dati siano stati altamente affidabili e validi.

3.7 TRATTAMENTO STATISTICO

Come trattamento statistico dei dati raccolti durante questa ricerca, sono state applicate varie tecniche note nella letteratura corrente per testare le ipotesi formulate, quali:

• L'analisi descrittiva ha calcolato **le misure di tendenza centrale** (media e mediana), la **deviazione standard**, i valori minimi e massimi per tutte le variabili quantitative (velocità, peso, altezza).

• Analisi della **correlazione lineare** tra queste variabili utilizzando il coefficiente di Pearson (r), che indica l'intensità e la direzione della relazione tra le variabili. Può variare tra -1 e +1 (TOLEDO; OVALLE, 1995, p.413), con un r≥ |0,6 | che indica una relazione forte. I segni ± esprimono se la correlazione ha un andamento positivo o negativo.

• **L'analisi multivariata mira** ad analizzare relazioni complesse tra le variabili oggetto di studio (TOLEDO; OVALLE, 1995, p.412). Di seguito, i modelli multivariati utilizzati saranno riassunti in termini di caratteristiche essenziali.

3.7.1 Il modello lineare generale (GLM)

Nell'analisi statistica, il modello lineare generale (GLM) è ampiamente utilizzato quando si analizza la relazione causale tra una (o più) variabili dipendenti e un insieme di variabili indipendenti. In termini generali, questo modello è espresso dalla seguente formula:

$$y_{ij} = X\beta + \varepsilon$$

in cui Y rappresenta una variabile casuale che è la variabile dipendente (DV) e X un vettore di k variabili indipendenti (VI) che spiegano parte della variabilità inerente a Y. Il termine ε rappresenta l'errore, cioè la parte di variabilità non spiegata dal modello (Turkman & Silva, 2000, p. 3). Il termine b è il vettore dei parametri sconosciuti da stimare sulla base dei dati disponibili.

Il GLM comprende diversi modelli particolari come l'analisi di regressione, l'analisi della varianza a una via (ANOVA), l'analisi della covarianza (ANCOVA) e l'analisi discriminante. Nel contesto di questo studio, ANOVA e ANCOVA sono i modelli che corrispondono agli interessi della ricerca e alla struttura dei dati.

19

3.7.2 Analisi della varianza (ANOVA)

Questo modello è caratterizzato da una struttura di dati in cui la variabile dipendente Y è continua e le variabili dipendenti sono categoriali.

Quando si utilizza l'ANOVA, il ricercatore è tipicamente interessato a sapere se i risultati medi della RV ottenuti in ciascuna delle condizioni sperimentali differiscono in modo significativo. A tal fine, si determina quanta parte della variazione della DV è attribuibile alle differenze **tra i** risultati ottenuti nelle condizioni sperimentali e la si confronta con il termine di errore, che è attribuibile alla variazione dei risultati dipendenti **all'interno di** ciascuna condizione sperimentale.

È interessante conoscere la percentuale di variazione della VD che può essere attribuita alla manipolazione dei Vl (Silva da, 2003, p.5).

Dal punto di vista algebrico, il modello ANOVA a una via è rappresentato dalla seguente equazione di base:

$$ y_{ij} = \mu + \alpha_j + \varepsilon_{ij} $$

In cui:

μ è l'effetto costante (la media generale)

y_{ij} è il *punteggio dell'*elemento i-esimo nel trattamento (gruppo) j-esimo nella VD

α_j è l'effetto del livello o del gruppo di trattamento

ε_{ij} è l'errore (valore residuo)

Questo modello *oneway* corrisponde a questa ricerca, poiché abbiamo una variabile dipendente quantitativa (la velocità) e un fattore categorico (il posizionamento sul campo).

3.7.3 Analisi della covarianza (ANCOVA)

Come nel caso dell'ANOVA, nel modello ANCOVA la variabile dipendente Y è continua. Tuttavia, include variabili indipendenti non solo di tipo categorico, ma anche di tipo quantitativo. Queste sono chiamate covariate (CV) o variabili concomitanti.

Queste variabili quantitative, note come covariate (anche variabili concomitanti o di controllo), rappresentano fonti di varianza che si ritiene influenzino la DV, ma che non sono state controllate dalle procedure sperimentali.

L'ANCOVA determina la covariazione (correlazione) tra le covariate e la DV e quindi rimuove la varianza associata alle covariate dai risultati della DV, prima di determinare se le differenze tra le medie nelle condizioni sperimentali sono statisticamente significative" (Silva da, 2003, p.5).

In questo senso, l'ANCOVA combina l'analisi della varianza con il classico modello di analisi della regressione, al fine di misurare l'effetto del fattore (VI) corretto per gli effetti delle covariate (CV). Il modello ANOVA è quindi rappresentato dalla seguente equazione:

$$y_{ij} = \mu + \alpha_j + \beta(x_{ij} - \overline{x}) + \varepsilon_{ij}$$

In cui:

μ è l'effetto costante (la media generale)

y_{ij} è il *punteggio dell'*elemento i-esimo nel trattamento (gruppo) j-esimo nella VD

x_{ij} è il *punteggio dell'*elemento i-esimo nel trattamento (gruppo) j-esimo nella VC

α_j è l'effetto del livello o del gruppo di trattamento

$\overline{x}$ è il CV medio

21

β è il coefficiente di regressione

ε_{ij} è l'errore (valore residuo)

Considerando che la relazione tra posizionamento e velocità può essere influenzata da variabili come il peso e l'altezza, le abbiamo incluse come CV, effettuando un'ANCOVA secondo il modello descritto sopra.

Tutti i dati ottenuti in questo studio sono stati elaborati con il programma SPSS versione 18.0 per Windows.

4   Risultati e discussione

4.1   Caratteristiche generali del campione

Il test di velocità e le valutazioni antropometriche sono state effettuate su n=20 giocatori maschi di età compresa tra i 14 e i 15 anni (under 15) della scuola calcio Zico 10 - UNIPÊ.

La scuola Zico 10 Unipê è stata fondata il 15 agosto 2010 nella città di Joao Pessoa. La scuola conta più di 25.000 studenti iscritti in 16 Stati brasiliani, il che la rende una delle più grandi reti di scuole calcio al mondo. Zico 10 è un progetto che coinvolge bambini e adolescenti di età compresa tra i 5 e i 17 anni e mira a farli socializzare attraverso lo sport. È un progetto che mira a sviluppare e migliorare le competenze tecniche, fisiche e tattiche degli studenti, oltre a valori fondamentali come la disciplina, la solidarietà, l'impegno e la cittadinanza. Oggi la Scuola Zico 10 UNIPÊ ha un'iscrizione media di 150 studenti che frequentano gli allenamenti ogni sabato dalle 7.30 alle 11.30, sempre accompagnati da insegnanti preparati.

Alcuni alunni della scuola si distinguono in varie competizioni a livello comunale e persino regionale quando la squadra partecipa a gare ed eventi calcistici.

Di seguito verranno presentati in modo sistematico i principali risultati della ricerca, tenendo sempre presenti le ipotesi formulate nel capitolo 1.5 del presente lavoro.

4.2   altezza e altezza

I valori medi e le deviazioni standard per le covariate peso e altezza erano rispettivamente 56,11 ± 8,24 kg e 167,4 ± 6,31 cm. Come mostrano i dati, la variazione di altezza è stata minima, con il 75% dei soggetti compresi tra 160 e 170 cm (Appendice 1). Per quanto riguarda il peso, invece, abbiamo osservato una variazione molto maggiore, in quanto il 75% dei soggetti aveva un peso compreso tra 47 e 66 kg (Appendice 1), una differenza considerevole. Di conseguenza, il coefficiente di variazione[1] è V=0,15 per il peso e V=0,04 per l'altezza. Questo fenomeno è probabilmente dovuto alle differenze alimentari tra i

---

1 Questo coefficiente è definito come $V = s / \bar{x}$.

giovani.

Come previsto, esiste una forte correlazione lineare positiva tra peso e altezza, come si può vedere nel grafico sottostante:

Grafico 1: Diagramma di dispersione per peso e altezza

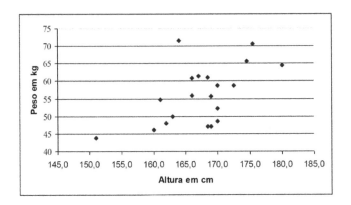

Il coefficiente di correlazione è r=0,56, un risultato significativo al livello 0,01 (Appendice 2). Tra i 20 giocatori era presente un *outlier, ossia* un giocatore il cui peso era superiore alla media per la sua altezza. Eliminando questo giocatore dall'analisi, il coefficiente raggiunge il valore di r =0,69.

4.3 VELOCITÀ PER POSIZIONAMENTO

In base alle ipotesi 1 e 2, si presume che vi siano differenze significative tra gli atleti nelle diverse posizioni. I risultati ottenuti nello studio sono riportati nella Tabella 1.

Tabella 1: Velocità in secondi per posizione

Posizione	n	Media	Deviazione standard	Minimo	Massimo
Centrocampista	4	7,155	0,2374	6,9	7,4

Lato	4	7,178	0,3721	6,9	7,7
Volante	4	7,440	0,6179	6,9	8,2
Medio	4	6,980	0,2459	6,8	7,3
Attaccante	4	7,433	0,9980	6,6	8,8
Totale	**20**	**7,237**	**0,5391**	**6,6**	**8,8**

Come si può vedere nella Tabella 1, la velocità media tra i cinque gruppi di giocatori non differisce in modo significativo. Il gruppo più veloce, i centrocampisti, ha una velocità media di 6,98, mentre il gruppo più lento, i difensori centrali, ha una velocità media di 7,44, il che rende la differenza tra i gruppi più veloci e più lenti pari a 0,48 (7,44 - 6,98).

Questo studio è in linea con quello di Balikian *et al.* (2002), che non hanno riscontrato variazioni nella capacità aerobica dei giocatori, suddivisi in gruppi di centrali, terzini, centrocampisti e attaccanti, ma hanno notato che i terzini e i centrocampisti avevano una soglia anaerobica più alta rispetto ai difensori e agli attaccanti. Uno studio condotto su atleti professionisti portoghesi ha rilevato differenze nella capacità aerobica dei giocatori in relazione alla loro posizione in campo, con i centrocampisti che mostravano le migliori prestazioni aerobiche e i difensori centrali le minori (SANTOS; SOARES, 2001).

Questa differenza di velocità tra i 5 gruppi di posizionamento dei giocatori non era dovuta al giocatore più veloce di ciascun gruppo, poiché la differenza tra loro era di soli 0,3 secondi (6,9 - 6,6), ma ai giocatori più lenti, poiché la differenza tra loro era già più considerevole, pari a 1,5 (8,8 - 7,3), dimostrando così che esiste una differenza più drastica tra i giocatori più lenti di ciascun gruppo.

Se si analizza la velocità individuale, si nota una certa uguaglianza tra i giocatori più veloci dei 5 gruppi, con il più veloce dei 20 giocatori in attacco che ha un leggero vantaggio (6,6), ma il resto dei giocatori più veloci di ogni gruppo non ha uno svantaggio così marcato, con i centrocampisti che hanno una velocità di 6,8 e gli altri 3 gruppi (centrocampisti, terzini e difensori) con una media di 6,9. Questo mostra un dato interessante, un crescendo tra i

25

giocatori più veloci di ogni squadra in base alla loro posizione offensiva. Dal difensore più veloce all'attaccante più veloce di ogni gruppo, c'è un leggero miglioramento della velocità. Questo non accade quando si effettua un confronto per gruppi di posizioni, con la seguente sequenza: Centrocampista (6,98) < Difensore (7,15) < Terzino (7,17) < Attaccante (7,43) < Centrocampista (7,44).

Un altro studio condotto sui ragazzi U15 mostra dati interessanti in relazione al test dei 50 metri. Secondo i risultati, gli attaccanti sono il gruppo più veloce con una media di 7,55 secondi, seguiti dai difensori (8,17 secondi) e dai centrocampisti (8,77 secondi). Questa analisi non conferma i risultati di questo studio, in quanto non è stata riscontrata alcuna differenza significativa nella velocità orizzontale dei giocatori, indipendentemente dalla loro posizione in campo.

In sintesi, si può affermare che esistono alcune differenze tra i gruppi, ma non sono significative[2] come mostra la tabella ANOVA:

Tabella 2: Analisi della varianza (ANOVA)

Causa della variazione	Somma dei quadrati	gl	Quadrati medi	F	Sig. (α)
Posizione	0,623	4	0,156	0,477	0,752
Rifiuti	4,900	15	0,327		
Totale	5,523	19			

La parte della varianza spiegata dalla posizione del giocatore è espressa dal coefficiente di determinazione, che nel caso dell'ANOVA è calcolato come segue (VIEIRA; 2006, p.46):[3]

---

2 Secondo la letteratura corrente (fonte), un risultato è considerato significativo se l'errore α è <0,05. Talvolta un errore α<0,10 è ancora considerato accettabile.
3 Per non essere confuso con l'r di Pearson, nella letteratura sull'ANOVA si usa spesso il simbolo $\eta2$ *(eta)* per il coefficiente di determinazione.

$$R^2 = \frac{SQ_P}{SQ_T} = \frac{0,623}{5,523} = 0,1128 = 11,3\%,$$

Un risultato che indica che solo una piccola parte delle differenze osservate (11,3%) è dovuta alla posizione del giocatore.

Di conseguenza, i dati non ci permettono di affermare la nostra prima ipotesi. Ci sono piccole differenze tra i gruppi, ma non sono significative.

Per quanto riguarda la seconda ipotesi, che prevedeva che i giocatori d'attacco fossero i più veloci, è emerso un risultato inaspettato. Come mostra la Tabella 1, i giocatori d'attacco non sono i più veloci. Al contrario, sono al quarto posto tra i 5 gruppi di posizioni analizzati nello studio. Ciò può essere dovuto al fatto che nel calcio moderno tutte le posizioni in campo sono equiparate e praticamente tutti i giocatori devono avere una velocità regolare e competitiva. A differenza dei tempi passati, quando lo stereotipo era quello di un difensore forte e lento e di un attaccante leggero e veloce, il calcio moderno dimostra che dalla difesa all'attacco è necessario avere una buona velocità e una varietà di giocatori e stili di gioco diversi.

Questa varietà nel settore d'attacco si può notare quando si studiano i giocatori d'attacco separatamente, e si può notare che c'è un giocatore di 1,75 metri e 70,6 kg, e anche uno di 1,60 metri e 40,6 kg. Allo stesso modo, nello stesso settore offensivo, c'è il giocatore più veloce dei 20 studiati, con una velocità di 6,6 secondi, e anche il più lento dei 20, con una velocità di 8,8 secondi. Ciò significa che è necessario disporre di una varietà di caratteristiche dei giocatori per poter effettuare dei cambi nel corso della partita.

4.4 L'IMPATTO DI PESO E ALTEZZA

Per verificare l'ipotesi 3, è stata effettuata un'analisi della covarianza con le covariate peso e altezza. I risultati sono riportati nella Tabella 3, che ci permette di dedurre che le due covariate, peso e altezza, hanno solo un piccolo effetto sulla velocità e nessuno di questi fattori si avvicina al livello di significatività. Tutti hanno un basso valore di F e di conseguenza un errore $\alpha > 0,10$.

Tabella 3: Analisi della covarianza (ANCOVA)

Causa della variazione		Somma dei quadrati	gl	Quadrati medi	F	Sig. (α)
Effetto	*Covariate*	0,093	2	0,047	0,128	0,881
Peso		0,046	1	0,046	0,127	0,727
Altezza		0,003	1	0,003	0,009	0,925
Effetto	*Posizione*	0,694	4	0,173	0,476	0,753
Modello		0,787	6	0,131	0,360	0,891
Rifiuti		4,736	13	0,364		
Totale		5,523	19	0,291		

L'analisi più dettagliata di questa tabella mostra un piccolo aumento dell'effetto della posizione se si rimuove la varianza associata ai VC. L'ANOVA ha dato come risultato un valore R di^2 =0,1128. Secondo la tabella 2, il valore è calcolato come:

$$R^2 = \frac{SQ_P}{SQ_T} = \frac{0,694}{5,523} = 0,1256 \approx 12,6\%,$$

cioè un aumento di solo l'1,3%. Con questo risultato, non sorprende che le differenze riscontrate tra le medie originali e le medie corrette siano minime in tutte le posizioni (Appendice 3).

Infine, la qualità totale del modello può essere determinata calcolando la varianza associata al fattore principale (posizione) e la varianza associata alle covariate:

$$R^2 = \frac{SQ_P}{SQ_T} + \frac{SQ_{CV}}{SQ_T} = \frac{0,694}{5,523} + \frac{0,093}{5,523} = \frac{0,0787}{5,523} = 0,1424 \approx 14,2\%,$$

28

Questi risultati sono in pieno accordo con l'ipotesi 3 lanciata nello studio, secondo cui i fattori peso e altezza hanno solo una piccola influenza sulla capacità di velocità dei giocatori in campo, dimostrando che la squadra può avere una varietà di tipi fisici nelle 5 posizioni studiate. Questo risultato è in linea con uno studio che ha valutato le dimensioni degli arti inferiori dei calciatori e ha scoperto che questo fattore di altezza ha solo una piccola influenza sulla velocità dei giocatori (MOREIRA; BAGANHA, 2007).

Nel presente studio non è stata riscontrata alcuna relazione tra la durata degli *sprint* eseguiti e i valori di peso e altezza, anche se c'era una differenza significativa di peso tra gli atleti e una scarsa variazione di altezza. Questi risultati sono in linea con quanto osservato da Malina *et al.* (2007) che, valutando atleti dello stesso sport e della stessa fascia di età, non hanno riscontrato alcuna differenza di peso tra gli atleti.

5   CONCLUSIONE

Questo studio ha analizzato la velocità orizzontale dei giocatori under 15 della scuola Zico 10 UNIPÊ, in modo da analizzare e calcolare l'influenza del peso e dell'altezza sulla velocità.

In base alla velocità espressa dai giocatori valutati, si può concludere che, nonostante le differenze di velocità tra i giocatori e i rispettivi gruppi posizionali, i risultati riscontrati hanno evidenziato piccole differenze, mostrando così un grande equilibrio per quanto riguarda la velocità dei giocatori di calcio U15. Con il risultato che il peso e l'altezza hanno solo una piccola influenza sulla velocità, si può anche concludere che il calcio è uno sport che comprende i più diversi tipi di biotipi, in quanto i giocatori con i pesi e le altezze più diverse possono svolgere ruoli diversi nel gioco. Si può concludere che gli attaccanti non sono sempre i più veloci, contrariamente a quanto spesso si pensa.

Un limite dello studio è stato il fatto che non sono state valutate l'antropometria e la maturazione sessuale. Studi futuri potrebbero indagare la relazione tra maturazione sessuale e capacità di *sprint* in atleti della stessa fascia d'età.

6 RIFERIMENTI

ARRUDA, Miguel de; BOLANOS, Marco Antonio Cossio. L'**allenamento dei giovani calciatori**. San Paolo: Phorte, 2010.

ASANO, Ricardo Yukio; BARTOLOMEU NETO, Joao; OLIVEIRA JÙNIOR, Helio Porfirio de. Valutazione della potenza aerobica e anaerobica in giocatori di calcio U18. **Revista Cereus**, v.1, n.1, 2009.

BALIKIAN, Pedro. Consumo massimo di ossigeno e soglia anaerobica dei giocatori di calcio: confronto tra diverse posizioni. **Rev Bras Med Esporte**, v.8, n.2, 2002.

BANGSBO, Jens. L'**allenamento fisico nel calcio**. Barcellona: Paidotribo, 1997.

BOSCO, Carmelo. **Aspectos Fisiológicos de La Preparación Fisica Del Futbolista**. 3. ed. Barcellona: Paidotribo, 1996.

CAIXINHA, Pedro F.; SAMPAIO, Jaime; MIL-HOMENS, Pedro V. Variazione della distanza percorsa e della velocità di movimento durante le sessioni di allenamento e le competizioni in calciatori junior. **Revista Portuguesa de Ciências do Desporto**, v.4, n.1, 2004.

COSTA, Israel Teoldo Da; SILVA, Jùlio Manuel Garganta da; GRECO, Pablo Juan; MESQUITA, Isabel. Principi tattici del gioco del calcio: concetti e applicazioni. **Motriz**, v.15, n.3, 2009.

CUNHA, Sérgio Augusto; BINOTTO, Mônica Ribeiro; BARROS, Ricardo Machado Leite. Analisi della variabilità nella misurazione del posizionamento tattico nel calcio. **Revista paulista de educaçâo fisica**, San Paolo, v.15, n.2, 2001.

DENADAi, Benedito Sérgio; HIGINO, Wonder Passoni; FARIA, Rodrigo Arthur de; NASCIMENTO, Eugenio Pacelli do; LOPES, Walter Lopes.Validità e riproducibilità della risposta del lattato ematico durante il test di corsa a navetta nei giocatori di calcio. **Rev Bras de Ciência e Movimento**, v.10, n.2, 2002.

FELTRIN YR; MACHADO DRL. Capacità tecnica e forma fisica dei giovani calciatori. **Rev Bras Futebol,** v.2, n.1, 2009.

FERNANDO, Zuluaga Gonzalez; REINERIO, Zamora Sierra. Valutazione della potenza esplosiva e della velocità nella parte inferiore del corpo di atleti di categoria pre-giovanile del G-8 Football Sports Club della città di Ibagué. **Edufísica** v.2, n.6, 2010.

GOMES, Antonio Carlos; SOUZA, Juvenilson de. **Futebol: treinamento sportivo** ad **alto rendimento**. Porto Alegre: Artmed, 2008.

GOULART, Luiz Fernando; DIAS, Raphael Mendes Ritti; ALTIMARI, Leandro Ricardo. Forza isocinetica dei giocatori di calcio U20: confronto tra diverse posizioni di gioco. **Rev Bras Cineantropom. Desempenho Hum.** v.9, n.2, 2007.

HOFF, Jan.; WISLOFF, Ulrik; ENGEN, Lars Christian; C.; HELGERUD, Jan. Allenamento di resistenza aerobica specifico per il calcio. **British Journal of Sports Medicine**, v.36, n.3, 2002.

HELGERUD, Jan; ENGEN Lars, Christian; WISLOFF; Ulrik; HOFF, Jan. L'allenamento di resistenza aerobica migliora le prestazioni calcistiche. **Official Journal of the American College of Sports Medicine.** v.33, n.11, 2001.

Fondazione LA84. **Manuale di calcio spagnolo**. Los Angeles, 2008.

MAHL, Alvaro C., RAPOSO, José Vasconcelos. Profilo psicologico dei giocatori di calcio professionisti in Brasile. **Rev. Port. Cien. Desp**. v.7, n.1, 2007.

MALINA, Robert M.; RIBEIRO, Basil; AROSO, Joao; Cumming, SEAN, P. Caratteristiche dei giocatori di calcio giovanili di età compresa tra 13 e 15 anni classificati per livello di abilità. **British Journal of Sports Medicine,** v.41, n.5, 2007.

MATSUDO, Vitor Keihan Rodrigues. **Test in Scienze dello Sport.** 4 ed. Sao Caetano do Sul: Celafiscs, 1987.

MIRELLA, Riccardo. **Le nuove metodologie di allenamento della forza: la resistenza, la velocità e la flessibilità.** Barcellona: Paidotribo, 2001.

MOREIRA, Rafael Augusto Coutinho; BAGANHA, Ronaldo Jûlio. Relazione tra la forza massima e la lunghezza degli arti inferiori con la velocità media di corsa nei giovani calciatori. **Movimento & Percepçao,** v.8, n.11, 2007.

PAIM, Maria Cristina Chimelo. Fattori motivazionali e prestazioni nel calcio. **Revista da Educaçao Fisica/UEM.** v.12, n.2, 2001.

PIMENTA, Carlos Alberto Màximo. Revista do programa de estudos pós-graduados em ciências sociais da PUC-SP; ponto-e-virgula, n.3, 2008. http://www.pucsp.br/ponto-e-virgula/n3/pdf/12-pv3-carlos.pdf [06.09.2012]

PRATI, Arques. **Calcio giovanile: preparare i giocatori alle prove.** San Paolo: Musa, 2005.

PUPO, Juliano Dal; ALMEIDA, Carlos Miguel Porto; DETANICO, Daniele; SILVA, Juliano Fernandes da; GUGLIELMO, Luiz Guilherme Antonacci; SANTOS, Saray Giovana dos. Potenza muscolare e capacità di sprint ripetuti in giocatori di calcio. **Rev Bras Cineantropom Desempenho Hum.** v.12, n.4, 2010.

REBELO, António N.; OLIVEIRA, José. Relazione tra velocità, agilità e potenza muscolare nei calciatori professionisti. **Rev. Port. Cien. Desp.** v.6, n.3, 2006.

REILLY T., BANGSBO J., FRANKS A. Predisposizioni antropometriche e fisiologiche per il calcio d'élite. **Journal of Sports Sciences.** v.18, n.9, 2000.

SANTOS, José Augusto Rodrigues . Studio comparativo fisiologico, antropometrico e motorio tra calciatori di diversi livelli agonistici. **Revista Paulista de Educaçao Fisica**. v.13, n.2, 1999.

SANTOS, P.J; SOARES, J.M. La capacità aerobica nei calciatori d'élite in funzione della posizione specifica nel gioco. **Revista Portuguesa de Ciências do Desporto**. v.1, n.2, 2001.

SCAGLIA, A.J. Escolinha de futebol: uma questão pedagògica. **Motriz**, v.2, n.1, 1996.

SILVA, Tomàs da;. ANALISI DELLA COVARIANZA (ANCOVA). https://woc.uc.pt /fpce/ getFile.do?tipo=2&id=11319 [06.10.2012].

TEIXEIRA, Alberto Azevedo Alves; *et al.* Studio descrittivo sull'importanza della valutazione funzionale come procedura preliminare nel controllo fisiologico dell'allenamento fisico pre-campionato dei calciatori. **Rev Bras Med Esporte**, v.5, n.5 , 1999.

TOLEDO, Luciano Geraldo; OVALLE, Ivo Izidoro. **Statistiche di base.** San Paolo: Editora Atlas, 1995.

TURKMAN, M. Antonia Amaral; SILVA, Giovani Loiola. **Modelli lineari generalizzati - dalla teoria alla pratica.** Lisbona, 2000. http://docentes.deio.fc.ul.pt/maturkman/mlg.pdf [07.10.2012]

VASCONCELOS-RAPOSO, A. **Planificación y organización del entrenamiento deportivo.** Barcellona: Paidotribo, 2005.

VIEIRA, Sônia. **Analisi della varianza.** San Paolo: Editora Atlas, 2006.

WEBER, Fernanda Seganfredo *et al.* Valutazione isocinetica in giocatori di calcio professionisti e confronto delle prestazioni tra le diverse posizioni sul campo. **Rev Bras**

Med Esporte, v.16, n.4, 2010.

WEINECK, Erlangen J. **Futebol total: o treinamento no futebol**. Guarulhos: Phorte, 2000.

WILLIAMS, Melvin. Aiuti ergogenici: un mezzo per raggiungere Citius, Altius, Fortius e l'oro olimpico? Res Q Exerc Sportn, 67, 1996

WITTER, José Sebastiao. Il calcio. Un fenomeno universale del XX secolo. **Revista USP**, San Paolo, n.58, 2003.

7 ALLEGATI

ALLEGATO 1: MATRICE DEI DATI

IDN	POSIZIONE	PESO	ALTEZZA	VELOCITÀ
1	CENTROCAMPISTA	47,1	169,0	7,29
2	CENTROCAMPISTA	65,7	174,5	7,03
3	CENTROCAMPISTA	64,4	180,0	6,89
4	CENTROCAMPISTA	71,5	164,0	7,41
5		61,1		
6				
7				
8				
9	VOLANTE	58,8	170,0	7,75
10	VOLANTINO	60.9	166,0	6,94
11	VOLANTINO	48,0	162,0	6,91
12	VOLANTINO	49,9	163,0	8,16
12	MALE		170,0	7,34
14	MALE	54,7	161,0	
15	MALE	61,5	167,0	6,87
16	MALE	55,8	166,0	
17				
18				
19				
20				

ALLEGATO 2: COEFFICIENTI DI CORRELAZIONE DI PEARSON

	Peso	Altezza	Velocità
Peso	-	0,562** 0,010	0,127 0,592
Altezza		-	0,092 0,700
Velocità			-

** La correlazione è significativa a livello di 0,01.

Analisi di classificazione multipla (MCA)*

Posizione		N	Media		Deviazione	
			Non adeguato	Rettificato	Non adeguato	Rettificato
Centrocampista		4	7,155	7,077	-0,0820	-0,1604
Lato		4	7,178	7,232	-0,0595	-0,0051
Velocità	Volante	4	7,440	7,463	0,2030	0,2263
Medio		4	6,980	6,983	-0,2570	-0,2544
Attaccante		4	7,433	7,431	0,1955	0,1936

* Velocità in base alla posizione con peso e altezza

8   APPENDICI

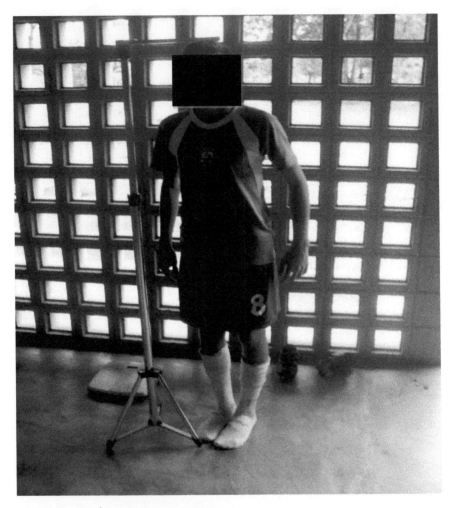

(Atleta Zico 10 UNIPÊ in fase di misurazione dell'altezza)

(Atleta Zico 10 UNIPÊ che controlla il peso corporeo)

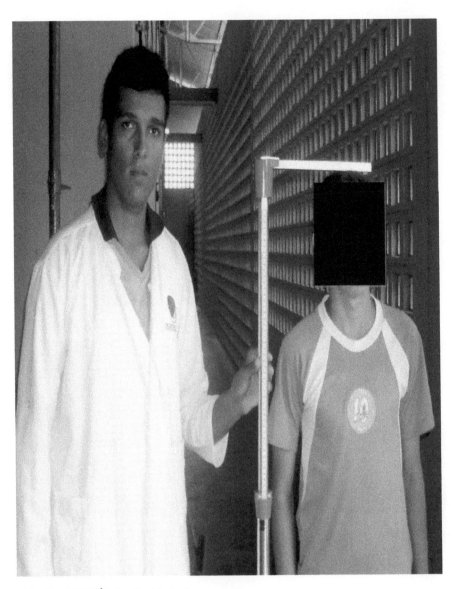

(Atleta Zico 10 UNIPÊ in fase di valutazione)

(atleta Zico 10 UNIPÊ che esegue il test di velocità)

(Squadra Zico 10 UNIPÊ U-15 in gara)

Milton Keynes UK
Ingram Content Group UK Ltd.
UKHW010710280324
440307UK00001B/60